CARNETS DE NATURE

AVOIR UN CHAT

Jean Cuvelier

D0994139

Illustrations de Frédéric Pillot

MILAN

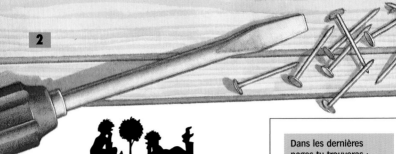

Comment utiliser ton carnet

Ton carnet a été conçu pour que tu puisses t'en servir directement dans la nature : grâce à son petit format, tu peux facilement le glisser dans ta poche ou dans ton sac à dos, et l'avoir ainsi toujours avec toi.

Dans les dernières pages tu trouveras :
• un index qui te permettra de retrouver rapidement la notion que tu cherches ;
• des adresses utiles.

Chouette, tes parents sont d'accord pour adopter un chat ! Mais attention, ce n'est pas un jouet ! Il a besoin de se nourrir, de dormir, de se dépenser, de s'amuser, de faire ses besoins... Même s'il est plutôt indépendant, il te faudra du temps pour t'occuper de lui, préparer ses repas, changer sa litière, le soigner s'il est malade... Si, après avoir bien réfléchi à quoi tu t'engages en prenant un chat, tu te sens prêt à assumer tes nouvelles responsabilités, alors lance-toi dans cette passionnante aventure !

Sommaire

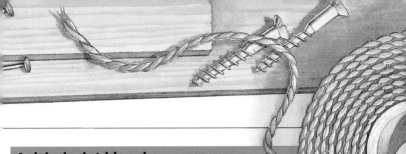

Arrivée du chat à la maison

Voici des renseignements utiles pour choisir ton animal
et savoir où le trouver, des informations sur les caractères
et les comportements des chats et des conseils précieux sur ce
qu'il faut faire pour préparer sa venue et bien l'accueillir chez toi.

Nourriture

Combien ton chat doit-il prendre de repas par jour et en quelle quantité ?
Quels aliments choisir ? Comment évaluer ses besoins en eau ?

Soins

Comment le protéger des parasites et le soigner s'il en attrape ?
Comment prévenir les accidents ? Comment détecter s'il est malade ?
Comment évaluer son état et savoir quand tu dois faire appel au vétérinaire ?
Comment intervenir dans l'urgence auprès de ton chat malade ou blessé ?

Éducation

Ton chat ne t'obéira que s'il en a envie.
Cependant, très tôt il faudra lui apprendre quelques règles de base simples
concernant la propreté et le comportement.
Ton carnet t'expliquera comment réussir son éducation.

Jeux

Les chats ont tous besoin de jouer et de se dépenser, tu apprendras dans ce livre
comment lui aménager des espaces « sportifs » dans ton appartement et tu
trouveras aussi quelques idées de jeux très simples avec lesquels vous pourrez
bien vous amuser tous les deux.

Reproduction

Si tu as une chatte, il est fort possible qu'elle fasse un jour des petits !
En observant son corps et son comportement, tu apprendras à reconnaître si elle est
pleine. Il faudra bien t'occuper d'elle pendant la gestation. Tu apprendras aussi à
t'occuper des petits et à éviter qu'elle n'en fasse trop souvent.

Des ancêtres aux dents longues

Les plus vieux ancêtres de ton matou sont les miacidés, apparus sur Terre il y a 60 millions d'années. Parmi ses aïeux, aujourd'hui disparus, le plus impressionnant était le smilodon d'Amérique dont les canines démesurément longues lui servaient de poignard.

Qu'est-ce qu'un chat ?

Comme toi, ton chat est un mammifère. Il appartient à la famille des félidés qui regroupe les grands et petits félins, du terrible lion d'Afrique au plus mignon des chatons.

Une vue perçante

Son regard change au cours de la journée. Lorsqu'il est en pleine lumière, sa pupille se contracte jusqu'à devenir une étroite fente verticale. Inversement, à la tombée de la nuit, sa pupille se dilate pour capter le moindre rayon lumineux. Si ses yeux brillent dans la nuit, c'est parce qu'il possède derrière sa rétine une sorte de miroir qui réfléchit la lumière.

Un odorat très développé

Son nez toujours humide capte les moindres odeurs, en particulier la tienne et celles de ses congénères.

Une langue bonne à tout faire

Sa langue garnie de papilles dures, hérissées vers l'arrière, lui sert non seulement à boire, à désosser la viande ou à récurer sa gamelle, mais aussi à nettoyer son pelage.

Une oreille attentive au moindre bruit

Grâce à son ouïe très développée, il est capable d'entendre des sons très aigus que tu ne perçois pas. Cela lui permet de repérer une souris à distance sans même l'avoir vue.

Une dentition de carnivore

À la naissance, ton chaton n'a pas de dent. Ses premières dents de lait apparaissent vers l'âge de 2 à 3 semaines. Vers l'âge de 6 à 7 mois, toutes ses dents de lait sont tombées et remplacées par des dents adultes. Ses canines très développées lui permettent de tuer ses proies et ses molaires particulièrement tranchantes, appelées carnassières, lui servent à déchiqueter la viande.

Des griffes acérées

Ses griffes rétractiles (5 par patte à l'avant et 4 à l'arrière) demeurent sous la peau lorsqu'il est au repos. On dit alors qu'il fait patte de velours.

Des coussinets en guise de chaussures

Placés sous ses pattes, ses coussinets recouverts d'une peau dure et rugueuse lui servent à la fois à freiner et à amortir les chocs.

Des moustaches particulièrement sensibles

Appelés également vibrisses, ces longs poils tactiles lui permettent de se diriger dans l'obscurité et d'évaluer la largeur d'un passage.

Un excellent parachutiste

Ton chat a un sens de l'équilibre très développé. Cela lui permet, en cas de chute, de retomber pratiquement toujours sur ses pattes. Grâce à cette faculté exceptionnelle le choc est considérablement amoindri.

Choisir ton chat

Un chaton ne s'élève pas tout seul, tu devras lui consacrer du temps, jouer avec lui, t'occuper de ses repas, changer sa litière et le soigner lorsqu'il sera malade.
Si tu es prêt à assumer tes responsabilités, alors il ne te reste plus qu'à choisir ton nouveau copain.

Ne sépare jamais un chaton de sa maman avant qu'il ne soit sevré. L'âge idéal pour l'accueillir chez toi est d'environ 8 semaines.

Comment savoir s'il est en bonne santé ?

Prends un chaton alerte et curieux qui ne refuse pas de se blottir dans tes bras.
Examine-le attentivement :
• corps ferme et musclé ;
• abdomen légèrement arrondi ;
• pelage luisant et fourni ;
• peau sans odeur particulière ;
• yeux brillants, propres, sans larmoiement ni rougeur ;
• nez propre, humide et brillant ;
• oreilles rose pâle, propres, sans écoulement ni odeur ;
• dents blanches, gencives et langue roses ;
• haleine inodore ;
• arrière-train propre, sans trace de diarrhée ni d'écoulements anormaux.

L'acheter ou l'adopter ?

En règle générale, un chat sans pedigree n'est ni plus ni moins intelligent ou résistant qu'un chat de race pure.
Si la race de ton nouveau compagnon t'indiffère, tu pourras te rendre dans un refuge de la SPA ou t'adresser à des amis dont la chatte vient d'avoir des petits.
Si tu désires un chat de race, adresse-toi :
• à une fédération féline ou une association de race ;
• à un éleveur ;
• à un particulier par le biais d'une petite annonce ;
• au vétérinaire.
Les prix varient beaucoup d'une race à l'autre, et certains chats exceptionnels, comme le chat nu, peuvent valoir plusieurs milliers de francs.

Quelle race choisir ?

Il existe une quarantaine de races de chats domestiques. Tous les chats ont à peu près la même taille, c'est l'aspect extérieur et le caractère qui les différencient. Avant de te décider pour un chaton, va rendre visite à ses parents, tu te rendras mieux compte de l'allure et du tempérament qu'il aura à l'âge adulte. Les orientaux (siamois, oriental, burmese) sont fidèles, vifs, curieux et très bavards. Le persan est beaucoup plus discret. Certaines races demandent des soins particuliers. C'est le cas des persans très typés, dont les yeux doivent être nettoyés très régulièrement ou du sphinx dont la peau nue nécessite un toilettage régulier.

Quel sexe choisir ?

Le mâle est plus grand, à l'âge adulte, il a tendance à fuguer et à se bagarrer. La femelle présente plusieurs fois par an des périodes de « chaleurs » très démonstratives.

Un dormeur invétéré

Parmi tous les mammifères, le chat est certainement l'un des plus gros dormeurs.
Il passe plus des 2/3 de son temps à faire la sieste.
Quand il bouge en dormant c'est qu'il rêve. Observe-le et tu pourras imaginer quel événement il est en train de revivre.

Les comportements du chat

Le chat est le compagnon de l'homme depuis l'Antiquité. Bien qu'il puisse être très affectueux avec toi, il reste toujours indépendant, fier, et n'en fait qu'à sa tête, passant avec grand plaisir du salon au jardin et du jardin à la rue.

Un instinct de chasse

S'il chasse, ce n'est pas uniquement par faim. Même bien nourri, il prendra un malin plaisir à capturer une souris ou un oisillon tombé du nid, qu'il ne mangera pas forcément ensuite.

Une durée de vie parfois exceptionnelle

La longévité moyenne du chat est de 15 ans, ce qui correspond pour toi à environ 80 ans. Mais un chat tigré, nommé Puss, atteignit l'âge exceptionnel de 36 ans.

Avoir un chat câlin

L'attachement à l'homme se met en place dans les premières semaines de la vie. Voilà pourquoi, si ton chaton n'a pas eu de contact avec un être humain avant sa 9e semaine, il gardera toujours une certaine distance avec toi. Pour éviter cela, manifeste-lui ton affection, fais-lui des câlins tous les jours, dès son plus jeune âge.
Plus tu lui témoigneras ton amour, plus il te sera attaché.

Comment communique le chat ?

Ton chat dispose d'un large éventail
de moyens pour communiquer.

• Les odeurs

En frottant sa face ou sa queue sur toi, il dépose
son invisible odeur. C'est une façon de te témoigner
son amitié. À partir de 8 mois, les mâles ont
tendance à déposer de petites quantités d'urine
sur leur passage pour marquer leur territoire.
Si ton chat a été opéré pour ne pas se reproduire
(voir p. 35), cela limitera ce comportement
qui peut être gênant dans un appartement.

• Les traces visuelles

Les troncs d'arbres, rambardes d'escaliers, pieds
de canapés, etc. lui permettent de signaler
sa présence par des marques de griffes.

• Les expressions corporelles

Lorsqu'il est en confiance, il tient ses
oreilles dressées légèrement en avant.
Quand il est en alerte, elles s'orientent
en direction du bruit. S'il est sur la
défensive, il les aplatit sur les côtés,
ses poils se hérissent, son dos
s'incurve (il fait le gros dos), ses
muscles se contractent, ses pupilles
se dilatent, il ouvre sa gueule,
montre ses dents. Il vaut mieux
alors le laisser tranquille.

*en
confiance*

*en
alerte*

*sur la
défensive*

• Les sons

À 6-8 mois, il possède son vocabulaire adulte.
Il ronronne de plaisir si tu lui fais un câlin. Il miaule
de façon insistante quand il veut que tu lui donnes
à manger. Il siffle et gronde lorsqu'il est en colère.

S'entendre comme chien et chat

Si ton chat est encore chaton, ton chien
le prendra vite sous sa protection.
Si en revanche il s'agit d'un
adulte, le premier contact
risque de ne pas être
excellent. Pour éviter
les accidents, maintiens
ton chien en laisse lors
de la première présentation.
Au bout de quelques semaines
d'observation, ils finiront par se
tolérer ou même partager les mêmes jeux.

Ton chat arrive à la maison

Pour ne pas être pris au dépourvu, assure-toi que tu as bien tout ce qu'il faut pour l'accueillir. Au départ, place-le dans une pièce de la maison puis, au bout de quelques jours, laisse-le explorer le reste de sa nouvelle habitation.

Le panier

Il existe des paniers en osier, plastique, mousse, etc. Choisis-le facile à nettoyer et assez grand car ton chaton va grandir.

L'écuelle

Ton chat a besoin d'un bol pour l'eau et d'une assiette pour la nourriture. La porcelaine est plus résistante et plus facile à nettoyer que le plastique.

Fabriquer un panier

❶ *Coupe une boîte en carton en deux avec de gros ciseaux.*

❷ *Découpe un arrondi sur l'un des bords.*

❸ *Garnis le fond d'un coussin ou d'une vieille couverture.*

Le bac et la litière

Le plus simple est le bac rectangulaire en plastique dur ou en tôle émaillée. Assure-toi que les rebords ne sont pas trop hauts pour un chaton. Place-le à un endroit accessible, calme et aéré. La litière neutralise les odeurs. Il faut la nettoyer chaque jour, avec des gants en caoutchouc. Si tu as un jardin, habitue ton chat à aller faire ses besoins dehors.

Plaque d'identité et tatouage

Accrochée au collier, la plaque permet une identification rapide (nom et adresse du propriétaire) mais elle ne remplace pas le tatouage. Les prix pour un tatouage sont très variables, il faut compter quelques centaines de francs.

La caisse de transport

Tu en auras besoin pour emmener ton chat en vacances
ou pour le conduire chez le vétérinaire. Il en existe en métal
ou en plastique dur.

- 6 panneaux
  de contre-plaqué :
  - 3 de 30 x 45 cm,
    épaisseur : 8 mm
    (dessous et
    grands côtés)
  - 1 de 30 x 43,5 cm,
    épaisseur : 8 mm
    (dessus)
  - 1 de 28,2 x 30 cm,
    épaisseur : 5 mm
    (petit côté avant)
  - 1 de 30 x 30 cm,
    épaisseur : 8 mm
    (petit côté arrière)
- 4 baguettes
  de 30 cm
- colle à bois
- clous
- 1 poignée
- 1 morceau
  de linoléum
  de 28,2 x 43 cm

Fabriquer une caisse de transport

❶ Colle le linoléum sur la planche du dessous.

❷ Cloue 2 baguettes à l'intérieur des 2 grands
côtés, la 1re au bord de chaque planche
et la 2e à 6 mm de la 1re.

❸ Assemble les planches avec la colle et des clous.

❹ Fixe la poignée à l'aide de clous ou de vis,
au milieu de la planche du dessus.

planche
amovible
(petit côté
avant)

poignée

grand côté

baguettes

❺ Perce quelques
trous sur une des
planches pour laisser
passer l'air et la lumière.

Tu peux ajouter un loquet
à ta caisse pour assurer
la fermeture pendant le
transport.

Attention
à ce qu'aucun
clou ou vis ne dépasse
à l'intérieur de la caisse car
cela pourrait blesser ton chat.

La laisse, le harnais et le collier

La plupart des chats n'aiment pas
se promener en laisse ni porter un collier,
sauf s'ils y sont habitués depuis qu'ils sont
tout petits. Le collier doit avoir un élastique
de sécurité afin que le chat puisse dégager
sa tête s'il reste coincé. Il sert à accrocher
la plaque d'identité ou à éloigner les parasites
(voir p. 18). Le harnais est indispensable
pour promener ton chat dans la rue.

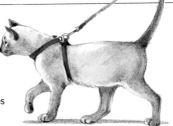

Si tu veux lui préparer toi-même son repas

- Sache que ton chat aime beaucoup la viande : agneau, lapin, bœuf, cheval, porc, poulet... Mais attention, les os de lapin et de poulet peuvent être dangereux.
- Il adore également le poisson, donne-le-lui légèrement cuit et retire arêtes, tête et boyaux.
- Tu peux lui servir des abats rouges (cœurs, reins, gésiers) mais évite le poumon et la rate, riches en tissus élastiques. Même si ton matou raffole du foie cru, ne lui en donne pas plus d'une fois par semaine. Pour accompagner viande, abats ou poisson, tu lui donneras du riz et des légumes.
- Le riz doit être bien cuit, sinon ton chat ne le digérera pas.
- Quant aux légumes verts ou aux carottes, ils sont recommandés chez les chats souffrant d'obésité.

Nourrir ton chat

Ton chat est un carnivore mais cela ne l'empêche pas d'apprécier un peu de verdure. Les besoins alimentaires sont particulièrement importants chez le chaton et chez la femelle qui allaite.

La ration quotidienne idéale pour un chat adulte

- 50 g de viande rouge ;
- 20 g de riz ;
- 20 g de légumes verts ;
- 10 g d'un mélange comprenant : levure de bière, huile végétale, complément minéral vitaminé.

Quelques règles de base

- Distribue-lui plusieurs petits repas par jour aux mêmes heures et au même endroit, ou laisse-lui des croquettes en libre-service.
- Sers-lui ses repas à température ambiante.
- Veille à ce qu'il ait toujours de l'eau.
- Lave régulièrement sa gamelle.
- Évite les sucreries et les aliments avariés.

La boisson

- Le lait est une excellente boisson, mais certains chats ne le digèrent pas. Dans ce cas, remplace-le par de l'eau.
- Comme ses ancêtres du désert, ton chat est un petit buveur d'eau. Mais, si tu

Aliments industriels

Si tu n'as pas le temps de faire la cuisine pour ton matou, tu pourras acheter des croquettes et des boîtes. Ce sont des aliments complets et équilibrés, tu n'auras que la boisson à ajouter. Méfie-toi cependant, car les aliments pour chat, vendus dans le commerce ne sont pas toujours de bonne qualité.

Pourquoi le chat mange-t-il de l'herbe ?

Pour certains spécialistes, c'est pour se faire vomir et se débarrasser des boules de poils qui encombrent son estomac. Pour d'autres, le chat rechercherait dans l'herbe un complément de vitamines. L'« herbe aux chats » est le nom donné à une plante, la cataire, qui provoque chez la plupart des chats un comportement très particulier, comparable à l'effet de la drogue sur l'homme. Lorsqu'un chat découvre cette plante, il s'en approche, la renifle, la lèche, la mordille et se frotte contre elle. Une fois calmé, il se remet de ses émotions en faisant tranquillement sa toilette.

Attention, l'herbe vendue sous l'appellation « herbe aux chats » dans le commerce n'est souvent qu'un mélange de graminées.

passes d'une alimentation normale à une alimentation sèche (croquettes), veille à ce qu'il ait toujours de l'eau à disposition et fais une transition alimentaire sur plusieurs jours, afin qu'il puisse adapter sa consommation d'eau.

Les dangers de la maison

• Ne laisse jamais ton chat monter sur les **plans de travail** surtout si la cuisinière est allumée.

• La **poubelle** est un endroit plein de trésors. Elle peut aussi devenir un piège si le couvercle se referme. Place-la dans un endroit inaccessible pour le chat.

• Les **lave-linge à hublot frontal** sont les plus dangereux. Vérifie toujours, avant de mettre en route la machine, qu'il ne s'y est pas caché.

• Les **fils électriques** sont très tentants pour ton chaton qui adore mâchonner. Ne les laisse pas traîner au milieu des pièces et débranche les appareils lorsque tu ne t'en sers pas.

• Si tu veux pouvoir laisser **balcons** et **fenêtres** ouverts, place un grillage fin sur l'ouverture.

• Même s'il aime bien l'eau, ne le laisse pas seul s'amuser au bord de la **baignoire** pleine d'eau. S'il tombe dedans, il sera incapable d'en sortir seul.

Éviter les accidents

Ton chat est très curieux et souvent inconscient des dangers qui l'entourent, à l'intérieur comme à l'extérieur de la maison. Pendant ton absence, veille à ce qu'il n'ait pas accès aux pièces les plus dangereuses et ferme bien les fenêtres.

Les dangers de l'extérieur

• Les chatons adorent **grimper** dans les arbres, mais ils ne sont pas toujours capables d'en descendre sans se faire mal.

• Si tu habites près d'une **route** à grande circulation ou d'une **voie de chemin de fer**, demande à tes parents de bien clôturer ton jardin.

• Au cours de ses escapades, ton chat risque de se faire agresser par les **chiens** ou les **chats du quartier**. S'il a été opéré pour ne pas avoir de petits (voir p. 35), il aura moins tendance à fuguer et à se bagarrer.

• Les **intoxications** par les produits chimiques de jardinage sont très fréquentes, car il est impossible d'interdire leur emploi à tous les gens de ton quartier.

• Si, au bout de 24 h, ton chat n'est pas rentré à la maison et que cela n'est pas dans ses habitudes, tu dois commencer les recherches. Informe immédiatement, s'il est tatoué, le fichier félin chargé de gérer les numéros de tatouage ; signale sa disparition aux fourrières les plus proches.

S'il y a une école vétérinaire près de chez toi (voir adresses p. 39), tu pourras y faire soigner ton chat, pour un tarif avantageux.

L'hygiène et la santé

Comment maintenir ton chat en bonne santé ? Personne ne pourra te donner de recette miracle. Toutefois, quelques mesures simples y contribueront grandement.

Hygiène de vie

• Surveille son alimentation.

• Joue tous les jours avec lui. L'exercice est indispensable à son bien-être. C'est aussi le meilleur des antidotes contre l'obésité et les maladies du cœur.

• Fais-le vacciner pour le protéger contre les maladies infectieuses les plus graves, vermifuge-le régulièrement et traite-le contre les parasites chaque fois que ce sera nécessaire.

Le carnet de santé

C'est un petit livre sur lequel ton vétérinaire colle les vignettes des vaccins qu'il effectue et inscrit toutes les interventions médicales ou chirurgicales. Il est établi au moment du premier vaccin.

Les principales affections virales

• Le **typhus** est la plus redoutable des maladies contagieuses félines. Elle débute par une fièvre importante (40 °C) associée à une perte d'appétit. Puis apparaissent de la diarrhée et des vomissements. En l'absence de traitement, la mortalité est très importante.

• Le **coryza** est en quelque sorte le rhume des chats. Le chat est fiévreux, abattu et ne mange plus. Les signes les plus caractéristiques sont les éternuements et les écoulements au niveau du nez et des yeux. Un traitement aux antibiotiques guérira rapidement ton chat.

• La **leucose** est une maladie contagieuse, non transmissible à l'homme, dont l'issue est inévitablement fatale. Le diagnostic s'effectue grâce à une prise de sang.

• La **rage** est une maladie incurable et mortelle pour le chat, qui atteint l'homme et tous les animaux à sang chaud. La contamination se fait généralement par morsure ou griffure. La rage n'existe que dans certaines régions de France (voir carte ci-dessous).

La vaccination

C'est le meilleur moyen de protéger ton chat contre les principales maladies. Pour que ton chat soit toujours protégé, n'oublie pas de faire les rappels tous les ans.

La rage en Europe

GOE-BRETAGNE · RUSSIE · FRANCE · ALLEMAGNE · POLOGNE · SUISSE · ITALIE · ESPAGNE · TURQUIE

Zones déclarées infectées par la rage

tique

• Les tiques

De couleur marron, leur
taille varie de 5 à 15 mm.
Seuls les chats de la
campagne peuvent
attraper des tiques.

• Les aoûtats

Ce sont les larves d'une
petite araignée. Elles
vivent entre août et
septembre dans les
champs, les jardins
et les forêts.

Les parasites

Il existe 2 types de parasites : ceux qui
vivent à l'extérieur du corps ou dans
les couches superficielles de la peau, les
parasites externes, et ceux qui vivent dans
l'intestin, les parasites digestifs.
Il est important de protéger ton chat car ils
sont tous nuisibles à sa santé.

puce

• Les puces

Pour savoir si ton chat a des puces, peigne-le à l'aide
d'un peigne très fin afin de récupérer les puces qui courent
dans son pelage. Si tu n'en trouves pas, recherche leurs
crottes (en forme de petites virgules ou de spirales brunes).
En cas de surpopulation, les puces de ton chat peuvent venir
sur toi. Pour éviter cela, interdis à ton chat de se coucher
dans ton lit et mets-lui un collier antiparasitaire.

• La gale des oreilles

Cette affection, très fréquente chez les chatons, est provoquée
par un acarien. Les animaux qui en souffrent se grattent
furieusement et ont de la cire brune dans les oreilles.

• La teigne

Elle est due à des champignons parasites.
Elle se soigne avec un antifongique.

Hygiène

Certains parasites sont transmissibles à l'homme. Pense à mettre des gants lorsque tu changes la litière de ton chat ; lave-toi bien les mains avant de manger, surtout si tu viens de jouer avec lui.

Les principaux vers du chat

Les parasites digestifs les plus fréquents chez le chat sont les ascaris et les ténias. Ils vivent dans l'intestin et pondent des œufs, éliminés avec les excréments. Très fréquents chez le chaton, leur présence en grand nombre est responsable de diarrhée, de vomissements et parfois d'une perforation intestinale, d'un amaigrissement, d'un retard de croissance... Pour éviter que ton chat n'attrape des vers, vermifuge-le régulièrement, protège-le des parasites externes (puces, poux) et donne-lui *une alimentation saine*.

ténia

ascaris

Les antiparasitaires

Ton vétérinaire te prescrira un produit à appliquer sur le corps de ton animal. Lis bien les recommandations. Place-toi dans un local aéré et mets des gants.

Calendrier des traitements vermifuges

• Chatons : à 3 semaines, puis toutes les 3 semaines jusqu'à 3 mois.
• Adultes : 2 à 4 fois par an.
• Femelles en reproduction : 1 fois pendant la gestation, 1 semaine puis 4 semaines après la mise-bas.

Trousse vétérinaire

- thermomètre
- paire de ciseaux courbes à bouts ronds
- bande Velpeau
- Élastoplaste
- sparadrap
- compresses stériles
- coton hydrophile
- eau oxygénée
- Dakin
- Mercryl Laurylé
- pommade cicatrisante

Soigner ton chat

En cas d'urgence, si tu as bien assimilé nos conseils et que tu te sens sûr de toi, donne les premiers soins à ton chat avant d'aller chez le vétérinaire.

Administrer un comprimé

Si ton chat est gourmand, il suffit tout simplement de placer le comprimé dans une boulette de viande. Sinon, il faudra le lui faire avaler de force.

❶ Place ta main au-dessus du museau de ton chat et fais-lui ouvrir la gueule en appuyant avec le pouce et l'index, de chaque côté de la commissure des lèvres, juste en arrière des crocs.

❷ Incline-lui la tête vers le haut.

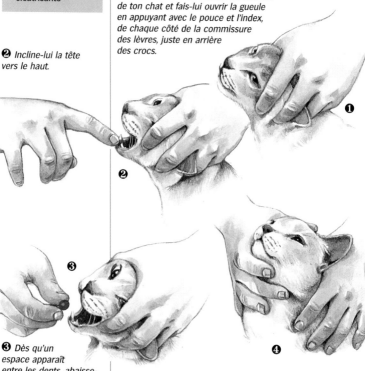

❸ Dès qu'un espace apparaît entre les dents, abaisse-lui la mâchoire inférieure avec l'autre main et place le comprimé à la base de la langue.

❹ Ferme-lui rapidement la gueule et masse-lui doucement la gorge pour l'aider à avaler.
Si ton chat est très difficile, fais-toi aider par un adulte.

Administrer un liquide

Utilise un compte-gouttes ou une seringue en plastique que ton vétérinaire t'aura laissée.

❶ *Décolle la lèvre supérieure de ton chat et introduis l'embout de la seringue juste derrière ses crocs.*

❷ *Soulève-lui la tête légèrement vers l'arrière et verse lentement le liquide. S'il tousse, arrête l'opération.*

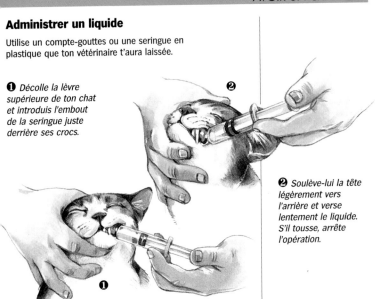

Administrer un collyre

❶ *Débarrasse l'œil de toutes les saletés qui l'encombrent avec une compresse imbibée d'eau bouillie refroidie.*

❷ *Lève la tête de ton chat tout en baissant légèrement la paupière inférieure pour maintenir l'œil grand ouvert.*

❸ *Instille 1 ou 2 gouttes de collyre directement sur la cornée, puis relâche la paupière.*

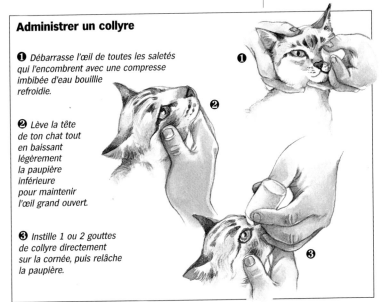

Soigner une piqûre de guêpe ou d'abeille

Les piqûres ont souvent lieu au niveau de la face, des membres et parfois dans la bouche. Elles sont généralement bénignes, sauf si ton chat présente une réaction allergique ou si la piqûre a lieu dans l'arrière-gorge.

❶ *Retire délicatement le dard avec une pince à épiler.*

❷ *Applique localement une compresse d'eau froide ou des glaçons.*

❸ *Si ton matou fait une réaction allergique (apparition brutale d'un gonflement au niveau de la face et du cou, difficultés respiratoires, démangeaisons violentes), conduis-le immédiatement chez ton vétérinaire.*

---

❶ *Écarte immédiatement ton chat de la source de chaleur.*

❷ *Asperge d'eau froide la région brûlée pendant plusieurs minutes.*

❸ *Dégage à l'aide de ciseaux la zone brûlée.*

❹ *Si la brûlure est très superficielle, désinfecte-la à l'aide d'un antiseptique et applique une pommade cicatrisante.*

❺ *Si la brûlure est profonde ou étendue, couvre-la d'un linge humide et conduis ton matou chez le vétérinaire.*

Que faire en cas de brûlure ?

Soigner une plaie

Pour éviter la formation d'abcès, les plaies doivent être traitées le plus vite possible.

❶ *Dégage bien les poils autour de la plaie à l'aide de ciseaux courbes à bouts ronds.*

❷ *Nettoie-la au savon antiseptique doux ou, à défaut, au savon de Marseille. N'utilise pas l'alcool qui pique et qui risque de provoquer une réaction de défense de ton chat.*

❸ *Applique le savon avec une compresse ou un linge propre.*

❹ *Sèche la plaie à l'aide d'une compresse et applique une solution antiseptique ou une pommade antibiotique cicatrisante. Attention, si la plaie est très importante, n'essaye pas de la nettoyer, car tu risques de te faire mordre ou griffer. Protège-la simplement à l'aide de compresses stériles et conduis ton chat chez le vétérinaire.*

Soigner un abcès

Si une morsure ou une griffure n'est pas détectée et traitée rapidement, elle peut aboutir à la formation d'un abcès. La plaie devient chaude, douloureuse, puis l'abcès mûrit et une poche de pus se forme.

❶ *Pour faire mûrir l'abcès, applique plusieurs fois par jour des compresses chaudes imbibées d'une solution antiseptique.*

❷ *Si l'abcès s'ouvre spontanément, nettoie la plaie avec une solution désinfectante en appuyant délicatement dessus pour favoriser l'évacuation du pus.*

❸ *Si au bout de quelques jours l'abcès ne se perce pas, il faut l'ouvrir chirurgicalement. Dans ce cas, conduis ton chat chez le vétérinaire.*

Que faire en cas d'empoisonnement ?

Les produits en cause sont nombreux et variés : plantes toxiques, produits ménagers, médicaments...

❶ *Si le poison a été absorbé depuis moins de 3 h, qu'il ne s'agit pas d'un produit corrosif et que ton chat n'est pas trop choqué, tu peux le faire vomir en le forçant à boire une solution d'eau très salée (1 à 3 cuillerées à café de sel dans un verre d'eau tiède).*

❷ *Après les vomissements, administre-lui par la bouche du charbon végétal activé pour neutraliser les restes du produit toxique présents dans le tube digestif.*

Attention, le lait n'est pas un antidote universel. Les matières grasses qu'il contient peuvent, dans certains cas (insecticides, désherbants...), accélérer l'intoxication.

Si tu n'arrives pas à faire vomir ton chat, si l'intoxication a eu lieu depuis plus de 3 h ou si ton matou présente déjà des symptômes (vomissements, diarrhée, tremblements, salivation...) conduis-le immédiatement chez le vétérinaire. Si cela est possible, n'oublie pas de prendre avec toi l'emballage contenant le poison, car son identification permet dans certains cas un traitement spécifique.

Que faire en cas de diarrhée ?

Mets ton chat à la diète complète, pendant 24 h, en lui laissant de l'eau à boire à volonté. Une fois la diète terminée, réalimente-le progressivement à l'aide d'aliments pauvres en graisses et facilement digestibles : viande maigre, poisson, œuf cuit, fromage blanc, yaourt, riz très cuit. Au bout de 4 à 5 jours de ce régime, tu pourras progressivement lui redonner son ancienne ration.

Attention, si la diarrhée ne cesse pas au bout de 24 h de diète, consulte ton vétérinaire.

Que faire en cas de fièvre ?

• La fièvre est associée à d'autres signes cliniques (toux, diarrhée, vomissements...) : conduis rapidement ton chat chez ton vétérinaire.
• La fièvre est isolée et bien tolérée : ne l'emmène chez ton vétérinaire que si elle ne disparaît pas au bout de 24 h.
• La fièvre est isolée et mal tolérée : montre-le rapidement à ton vétérinaire. Attention, avant de consulter, ne donne jamais de médicaments à ton chat car ceux-ci modifieraient les résultats des examens.

Transporter un chat blessé

Le plus gentil des chats peut, s'il a mal, avoir une réaction de défense. Voici comment éviter de te faire mordre ou griffer :

❶ *Approche-toi doucement de lui, en lui parlant pour le rassurer.*

❷ *Manipule-le le moins possible et avec une grande délicatesse. S'il se montre agressif, mets des gants (des gants de jardinage conviennent parfaitement) et entoure-le d'une grosse serviette de toilette afin de ne lui laisser que la tête dégagée.*

❸ *Place-le dans une caisse de transport fermée (voir p 11).*

❹ *Avant de te mettre en route, préviens le vétérinaire de ton arrivée.*

❶ *Applique sur la plaie un gros morceau de coton enroulé dans une compresse ou une gaze.*

❷ *Presse fortement pendant quelques minutes sur la blessure.*

Que faire en cas d'hémorragie ?

❸ *Maintiens fermement la compresse avec une bande collante type Élastoplaste.*

Dans tous les cas, seule la suture du ou des vaisseaux sectionnés et des tissus endommagés permet d'arrêter définitivement les saignements.

Qu'est-ce que l'état de choc ?

Plusieurs signes traduisent l'état de choc :
- chute de la température (inférieure à 37 °C) ;
- froideur et bleuissement des extrémités ;
- réduction de l'émission des urines ;
- pâleur de la bouche et des yeux ;
- accélération du rythme respiratoire et cardiaque ;
- pouls difficilement palpable ;
- somnolence, coma et convulsions.

❹ *Si cette première méthode ne suffit pas, mets en place un garrot (voir p. 27). Ce dernier arrête l'hémorragie en comprimant les vaisseaux sectionnés mais ne convient qu'aux blessures graves des membres et de la queue (section, écrasement) contre lesquelles aucune autre technique n'est envisageable.*

Appliquer un garrot

Si tu ne possèdes pas de garrot en caoutchouc, utilise un gros
élastique large, une vieille chambre à air ou une paire
de bretelles.
Le garrot doit toujours être posé sur le membre,
entre la blessure et le cœur.

❶ *Serre le garrot doucement jusqu'à
ce que l'hémorragie s'arrête.*

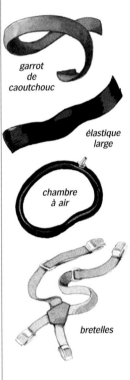

garrot
de
caoutchouc

élastique
large

chambre
à air

bretelles

❷ *Une fois serré, fais un nœud avec
une boucle pour faciliter son dénouement
et glisse un crayon ou une règle en
plastique sous le garrot. Ce dernier te
permettra, en le tournant dans un sens
ou dans un autre, de serrer ou desserrer
le garrot suivant le besoin.*

❸ *Attention,
ne laisse le garrot
que le temps de
conduire ton chat chez
le vétérinaire. Si tu dois
le maintenir en place
plus de 1/4 d'heure,
pense à le desserrer
à intervalles réguliers
pour ne pas bloquer
complètement la
circulation sanguine
dans le membre.*

Attention, les bêtises que tu peux supporter de ton chaton seront beaucoup plus difficiles à tolérer lorsqu'il sera adulte. Pour éviter cela, mets-lui des interdits dès son plus jeune âge.

Éduquer ton chat

Ton chaton ne t'obéira que s'il en a envie. Il ne fera jamais rien contre son gré. Avec beaucoup d'amour et de patience, tu pourras lui apprendre à respecter la maison et à obéir à quelques ordres simples. Tu peux commencer à lui apprendre les bonnes manières vers l'âge de 5 semaines.

Les interdits

• Ne pas te griffer ou te mordre.

• Ne pas voler des aliments.

• Ne pas monter sur les tables.

• Ne pas grimper sur les jambes des gens.

• Ne pas jouer avec les bibelots.

• Ne pas abîmer les meubles, les tapisseries ou les rideaux.

Récompenser

Le but de la récompense est d'encourager un bon comportement. Caresses, paroles douces, jeux peuvent être efficaces, mais la nourriture reste la meilleure des récompenses. Au départ, récompense-le à chaque fois qu'il répondra correctement à l'ordre. Une fois qu'il l'aura bien assimilé, tu pourras espacer les récompenses.

Punir

Le but de la punition est de supprimer un mauvais comportement. Pour être efficace, elle doit être administrée au moment de la faute et cesser dès que s'arrête le comportement sanctionné. Tu peux le punir par un sifflement-crachement se rapprochant le plus possible de celui d'un chat en colère, un jet d'eau (vaporisateur) ou un bruit strident (clochette, petite boîte remplie de haricots secs), une petite tape du doigt sur le museau ou la tête. Utilise, si possible, une punition à distance qui ne permette pas à ton minou de l'associer à ta présence, sauf si le comportement répréhensible est dirigé contre toi (griffure, morsure).

La propreté

La plupart des chatons apprennent très jeunes à faire dans le bac en imitant leur mère. En général, la plupart des chatons sont propres vers 6 ou 7 semaines. Si tu prends un chaton déjà propre : veille à ce que son bac et sa litière soient identiques à ceux auxquels il est déjà habitué. Place-les dans un endroit calme et accessible.

Si ton chaton n'élimine pas encore au bon endroit :

❶ *Place-le dans une petite pièce avec son écuelle, son panier et son bac à litière.*

❷ *Au bout de quelques jours, laisse-le circuler librement dans l'habitation.*

❸ *Dès qu'il te semble être sur le point d'uriner ou de déféquer, amène-le à sa litière. Une fois qu'il a terminé, récompense-le.*

❹ *En cas d'accident, élimine les odeurs à l'aide d'un produit « anti-odeurs » pour éviter qu'il ne recommence au même endroit. N'utilise jamais ni d'eau de Javel ni de produits ammoniacaux qui l'attirent et l'encourageraient à recommencer.*

Si tu as un jardin, habitue ton chat à faire ses besoins dehors.

Ton chat et les vacances

Emmener son chat en vacances n'est pas toujours une bonne solution. En effet, si tu vas chez des amis qui possèdent un animal avec lequel il ne s'entend pas, si tu fais du camping, si tu es très occupé pendant tes vacances... il vaut mieux éviter de le prendre dans tes bagages.

À qui le confier ?

Il existe plusieurs solutions.
• Le déposer dans une pension pour chats.
• Le confier à des amis qui le connaissent.
• Le laisser chez toi en demandant à ton voisin de venir lui donner à manger et changer sa litière régulièrement.
Dans tous les cas, laisse à la personne qui le garde son carnet de santé et de quoi le nourrir pendant ton absence.

Si tu l'emmènes avec toi en voiture

• Ne lui donne qu'un léger repas avant le départ.

• S'il est très anxieux, demande à ton vétérinaire un médicament pour le calmer.

• Ne l'enferme jamais dans le coffre, sauf s'il est spécialement aménagé et bien aéré ou s'il communique avec l'habitacle.

• Place-le à l'arrière dans une cage convenablement fermée.

Préparatifs du départ

Si tu pars à l'étranger, informe-toi auprès de l'ambassade du pays visité, sur les conditions exigées pour l'introduction de ton compagnon.

• Donne-lui à boire régulièrement, surtout s'il fait très chaud.

• Lors des pauses, laisse-le dans la voiture ou fais-le sortir en le tenant en laisse.

Jouets et terrains de jeux

Pour le chat des champs, pas de problème,
il dispose de la campagne environnante
pour jouer et se dépenser. Mais pour le
chat des villes, tu devras aménager dans
ton appartement des espaces de « loisirs ».
Sinon, il risque de se défouler
sur les meubles
ou la tapisserie.

Jouets

Le jeu est
indispensable au
développement de
ton chaton. C'est en
jouant qu'il va
apprendre à chasser.
Les jeux en
mouvements sont
les plus appréciés.
Un bouchon,
une plume, une balle
au bout d'une ficelle
ou même une boîte
en carton suffisent
à le divertir.

Le jeu de la souris

Accroche une balle de
mousse au bout d'une
ficelle. Dès qu'il essaye
de l'attraper avec ses
pattes, tire-la vers toi.
Pour rendre la chasse
encore plus difficile,
fais passer la ficelle
dans un tube
en carton.

Le jeu de l'oiseau

Accroche une pelote de
laine au bout d'une ficelle
et fais-la passer devant
ses yeux. Lorsqu'il essaye
de la saisir, remonte-la
brusquement, comme si
l'oiseau prenait son envol.

La plume chatouilleuse

Prends une plume
d'environ 15 cm de long
et chatouille-lui délicatement
le ventre. Il va essayer d'attraper
la plume. À toi d'être assez rapide pour
ne pas la perdre. Attention, si ton chat est
très adroit, tu risques de te faire griffer.

Chatière

Si tu habites à la campagne, ton chat aura rapidement envie d'aller gambader dehors. Pour faciliter ses allées et venues, demande à tes parents d'installer une chatière.

- 1 planche de contre-plaqué de 50 x 10 cm
- 2 planches de 10 x 3 cm (supports haut et bas)
- 8 m de corde en sisal
- clous
- colle à bois

Fabriquer un griffoir

❶ *Fixe avec de la colle et des clous les 2 extrémités de la grande planche au milieu de chaque support.*

❷ *Fixe un bout de la corde à la base de la grande planche avec un clou.*

❸ *Enduis-la entièrement de colle.*

❹ *Enroule la corde tout autour.*

❺ *Fixe le 2e bout de la corde en haut de la grande planche avec un clou.*

Griffoir

Il est indispensable pour les chats d'appartement qui, sinon, auront tendance à « faire » leurs griffes sur la tapisserie ou les meubles.
Choisis-en un vertical recouvert de corde (chanvre) ou de bois d'olivier et place-le dans un endroit de passage.

corde enroulée autour de la grande planche

support du haut

Demande à un adulte de fixer solidement le griffoir au mur. Tu peux augmenter son efficacité en frottant dessus des noyaux d'olives concassés.

support du bas

Arbre à chat

C'est le terrain de jeux où le chat d'appartement va dépenser son énergie.

Fabriquer un arbre à chat

❶ *Découpe un carré de 6 x 6 cm au centre du grand morceau de moquette.*

❷ *Fixe le grand morceau de moquette sur le plateau du bas avec la colle et l'agrafeuse.*

❸ *Fixe une extrémité de la corde à la base du poteau avec un clou.*

- 1 planche d'aggloméré de 50 x 50 cm (plateau du bas)
- 1 planche d'aggloméré de 30 x 30 cm (plateau du haut)
- 1 poteau de bois de 80 cm, section : 5 x 5 cm
- 20 m de corde en sisal
- 2 carrés de moquette de 50 x 50 cm (pour la base) et 30 x 30 cm (pour le haut)
- colle pour moquette
- 1 agrafeuse puissante
- 4 grandes vis
- 4 rondelles

❹ *Enduis entièrement le poteau de colle.*

❺ *Enroule la corde autour du poteau.*

❻ *Fixe la 2e extrémité de la corde en haut du poteau avec un clou.*

❼ *Fixe les 2 extrémités du poteau au centre des 2 plateaux avec de la colle et 2 vis et 2 rondelles de chaque côté.*

moquette

plateau du haut

corde enroulée autour du poteau

moquette

plateau du bas

❽ *Fixe le petit morceau de moquette sur le plateau du haut avec de la colle et l'agrafeuse. Tu peux y rajouter un bouchon suspendu au bout d'une corde.*

La gestation

La durée de la gestation est en moyenne de 63 à 65 jours. Faut-il absolument que ta chatte ait au moins une portée dans sa vie ? Non. Ce n'est pas parce que ta chatte aura eu une ou plusieurs portées dans sa vie qu'elle se portera mieux pour autant.

Ta chatte va avoir des petits !

Dès 8 à 9 mois, ton chat, qu'il soit mâle ou femelle, peut se reproduire. Une portée comporte en moyenne 3 à 5 chatons, qu'il faudra placer si tu ne peux pas les garder chez toi.

Les chaleurs

C'est au moment des chaleurs que ta chatte se laisse courtiser par les matous et qu'il faut la maintenir enfermée, si tu ne veux pas qu'elle ait des petits. Les premières chaleurs passent rarement inaperçues. La chatte miaule, effectue des piétinements avec ses pattes postérieures, se roule sur le sol, se frotte aux meubles, devient plus amicale et montre moins d'agressivité envers les mâles.

Comment savoir si ta chatte attend des petits ?

Plusieurs signes permettent de suspecter un heureux événement.

• Ta chatte semble inquiète et passe plus de temps à dormir
et à manger. Plus câline, elle recherche ton affection et celle
des membres de ta famille.

• Au bout de 2 à 3 semaines, ses mamelles se gonflent
et rosissent. À partir du 2e mois, son ventre s'arrondit.

• Durant les 2 dernières semaines,
il te suffit de poser une main
sur son ventre pour sentir
les petits remuer.

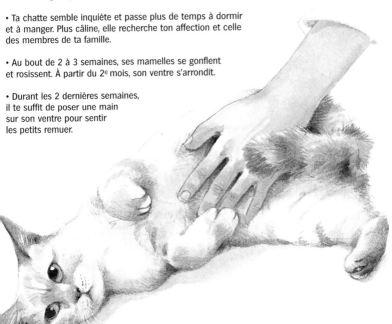

La contraception

• Il existe plusieurs façons pour éviter que ta chatte ne
se reproduise. Tu peux lui donner la **pilule** ou lui faire faire
des injections contraceptives . À l'arrêt du traitement,
ses chaleurs réapparaîtront et elle pourra se reproduire.
Tu peux **la faire opérer** à partir de 8 mois. Dans ce cas, il faut
que tu saches que le résultat est définitif et que ta chatte
ne pourra plus jamais avoir de petits. Après l'intervention,
il faudra surveiller son poids car elle aura tendance à
manger davantage.

• Pour le mâle, la **castration** supprime l'instinct sexuel,
le comportement bagarreur et limite le marquage urinaire.
Elle se pratique en général vers l'âge de 8 mois, mais peut
être effectuée bien après sans aucun risque pour l'animal.
Attention, c'est une opération irréversible, et une fois castré,
ton chat aura tendance à prendre du poids si tu ne surveilles
pas son alimentation.

Reconnaître un mâle d'une femelle

Pour éviter que ton
minou ne se
transforme en minette
à l'âge adulte, ou vice
versa, mesure la
distance séparant
l'anus des parties
génitales. Chez la
femelle, la vulve
est très proche de
l'anus alors que
chez le mâle le pénis
est séparé de l'anus
par 2 petites
protubérances
correspondant
aux testicules.

La mise-bas

Durant les derniers jours de la gestation, la femelle semble inquiète et miaule. Elle recherche activement un endroit calme et retiré pour aménager sa couche. Si elle a l'habitude d'un emplacement particulier (cave, placard...), elle peut s'y rendre quelques jours avant l'accouchement. Au début, les contractions sont faibles puis elles s'accentuent et un 1er chaton apparaît.

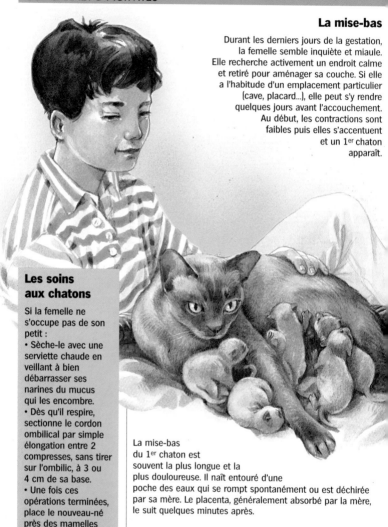

Les soins aux chatons

Si la femelle ne s'occupe pas de son petit :
• Sèche-le avec une serviette chaude en veillant à bien débarrasser ses narines du mucus qui les encombre.
• Dès qu'il respire, sectionne le cordon ombilical par simple élongation entre 2 compresses, sans tirer sur l'ombilic, à 3 ou 4 cm de sa base.
• Une fois ces opérations terminées, place le nouveau-né près des mamelles pour qu'il puisse téter. Au départ, les nouveau-nés tètent leur mère toutes les 2 h, puis l'intervalle entre chaque tétée s'allonge progressivement.

La mise-bas du 1er chaton est souvent la plus longue et la plus douloureuse. Il naît entouré d'une poche des eaux qui se rompt spontanément ou est déchirée par sa mère. Le placenta, généralement absorbé par la mère, le suit quelques minutes après.

L'expulsion

La durée d'expulsion d'un chaton varie de quelques minutes à 1 h. Une période de repos de 3 min à 2 h sépare les naissances. Au total, l'accouchement dure entre 1 et 8 h. Ne t'inquiète pas si le petit ne sort pas la tête la première. En effet, près de la moitié des chatons naissent en présentation postérieure sans difficulté particulière, si ce n'est une légère augmentation de leur durée d'expulsion.

Les premières semaines du chaton

Le chaton naît aveugle et sourd. C'est grâce aux odeurs et au toucher qu'il perçoit son environnement. Il passe le plus clair de son temps à s'alimenter et à dormir auprès de ses frères et sœurs. L'ouverture des yeux a lieu entre le 7e et le 10e jour. L'ouïe apparaît vers le 5e jour mais ce n'est qu'au 14e jour qu'il est capable de s'orienter par rapport au son. À 3 semaines, le chaton coordonne mieux ses mouvements. Il marche les pattes écartées car son sens de l'équilibre n'est pas encore totalement développé. Il commence à explorer son entourage et à jouer avec ses frères et sœurs.

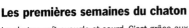

Le sevrage

Pendant les 3 premières semaines, l'allaitement maternel couvre entièrement les besoins alimentaires des chatons. Tu dois donc débuter le sevrage vers la fin de la 3e semaine. Pour cela, mets à leur disposition une bouillie lactée dans laquelle tu introduiras leurs futurs aliments (viande hachée, œufs, céréales, granulés spéciaux). Vers 7 semaines, le sevrage doit être terminé.

Index

Adresses utiles

École nationale vétérinaire de Maisons-Alfort

7, avenue du Général-de-Gaulle
94704 Maisons-Alfort Cedex

École nationale vétérinaire de Lyon

1, avenue Bourgelat
BP 83
69280 Marcy-l'Étoile

École nationale vétérinaire de Nantes

Route de Gachet
BP 3013
44087 Nantes Cedex 03

École nationale vétérinaire de Toulouse

23, chemin des Capelles
31076 Toulouse Cedex

Société protectrice des animaux (SPA)

39, boulevard Berthier
75017 Paris